『21世紀の新協同組合原則』学習テキスト版

協同組合の アイデンティティに 関するICA声明 を考える

The ICA Statement on the Co-operative Identity

——なぜ、協同組合原則は改定されたのか

日本生協連 編

 日本生活協同組合連合会

はじめに

「ＩＣＡ声明」を学び直しましょう

　日本生協連は、2009年6月の第59回通常総会で、全国生協の長期ビジョン(仮称)策定の検討に着手することを宣言し、2009年度方針において2020年〜2025年頃の社会経済の大きな変化を想定し、今日的な生協のあり方や価値を含めた長期ビジョン(仮称)を策定することを掲げました。

　そして、理事会の専門委員会として「長期ビジョン（仮称）策定検討委員会」を設置し、2009年末から長期ビジョンの枠組みと論議の進め方の検討を行なってきました。

　その結果、策定するビジョンの想定年は「2020年」とし、委員会の名称も「2020年ビジョン策定検討委員会」（以下、「委員会」）に変更しました。

　ＩＣＡ（国際協同組合同盟）は1995年、イギリスのマンチェスターで開いた100周年記念大会で「協同組合のアイデンティティに関するＩＣＡ声明」（以下、「ＩＣＡ声明」）を採択しました。

　「委員会」では、「ＩＣＡ声明」は、「大きな社会変化が予想される中でも、引き続き意義あるものとして、2020年ビジョンの前提とします」という確認をしました。ビジョンを考える「前提」として「ＩＣＡ声明」についての再学習を大切にしたいと思います。

　「ＩＣＡ声明」にいたる国際的な協同組合の価値・原則についての討議が始まったのは1978年（今から32年前）です。この年コペンハーゲンで開かれたＩＣＡ中央委員会は「今後20年間に起きるであろう変化と、

その結果として今世紀の終わりまでに協同組合組織が直面するであろう状況について」の研究実施を決定しました。

研究の中心的役割を担ったレイドロー博士はこの決定について「協同組合は現代における変化の早いスピードに追い越され、ついていけなくなるかもしれないという危機感」「世界中の多くの地域で驚くべき割合を占めるまでに成長した巨大な多国籍企業の恐ろしい力に対し、協同組合の仕組みでは対処できないのではないかという危惧」「各種の協同組合にとって設立以来200年以上もかけて築いてきた力と勢いを維持していくためには、根本的な転換や再構築が必要になってくるかもしれないという可能性」についての各国代表の共通認識から生み出されたものと述べています。

2年後の1980年、モスクワで開催されたＩＣＡ大会に「西暦2000年における協同組合」という報告（いわゆる「レイドロー報告」）が提出されます。レイドロー報告は、現代を「狂気じみた方向へ進んでいる」時代、すなわち「狂気の時代」と特徴づけ、その中で「協同組合こそが正気の島」でなければならないのにもかかわらず、協同組合は「真の性格と目的」の曖昧化という「思想上の危機」に直面し、そのため運動の停滞が生じていると警告を発します。

レイドロー報告後も、欧米における生協の沈滞と後退は一層深刻化していきます。「思想上の危機」を乗り越え、協同組合の理念と「基本的価値」を再認識し、運動の再生をはかるために、1988年のＩＣＡ大会では、マルコス会長自身が「協同組合における基本的価値」という報告を行ない、4年後のＩＣＡ東京大会までの討議を世界によびかけます。

マルコス会長は「もし協同組合原則と価値とを固守しなければ、我々は、現在の経済状況では敗北を喫するであろう」という強い危機感のも

とで、①参加、②民主主義、③正直、④他人への配慮・思いやり、の4つを「基本的価値」として提起しています。

「いかなる協同組合も事業の効率性なくしては生き延びられない。すべての協同組合の主な仕事は、組合員の経済的ニーズのために役立つことであり、それをしないなら、存在の必要性はなくなる。しかし、われわれの成功は信頼の上に築かれなければならず、信頼の基になるものは、協同組合による組合員に対する配慮・思いやりに勝るものはない」というマルコス会長の指摘は、20年の時を飛び越え私の胸を打ちます。

そして、1992年ICA東京大会でスウェーデン協同組合研究所の所長であったベーク氏が行なった「変化する世界における協同組合の価値」と題する報告（いわゆる、「ベーク報告」）を基礎に、1995年ICA100周年記念マンチェスター大会で採択されたのが「ICA声明」です。

「2020年ビジョンの前提」とした「ICA声明」が生み出されてきた議論の経緯を丁寧に振り返り、学びなおす大切さを、訴え続けていきたいと思います。

本書の巻末には、日本協同組合連絡協議会（JJC）のご理解とご協力により、「レイドロー報告」「マルコス報告」「ベーク報告」を収載したCDを添付しました。じっくりとお読みいただければ幸いです。

2010年9月

日本生協連専務理事　芳賀唯史

目　次

はじめに 「ＩＣＡ声明」を学び直しましょう　　　芳賀唯史　3

第Ⅰ部 「ＩＣＡ声明」検討の経過と意義　9

1.「レイドロー報告」から「ＩＣＡ声明」へ
(1)「レイドロー報告」は、協同組合のあり方に関する根本的な問い直しを提起した　11
(2) 先進国の協同組合は、「思想的な危機」のみならず、「信頼性の危機」、「経営の危機」に直面した　12
(3)「マルコス報告」は、組合員に立ち戻ることの重要性を訴えた　14
(4)「ベーク報告」は、将来に向けてのグローバルな基本的価値を提起した　16
(5) 協同組合のアイデンティティの危機は深化した　16
(6)「ＩＣＡ声明」を貫くキーワードは「組合員」　18

2.「ＩＣＡ声明」の意義
「ＩＣＡ声明」はどのような意義をもつのか　21

第Ⅱ部　解説「ＩＣＡ声明」　25

1. 原則改定の根本的な理由とは
(1) なぜ、原則を定期的に見直すのか　27
(2) なぜ、「ＩＣＡ声明」が生まれたのか　28

(3) 原則改定の根本的な理由とは　　　　　　　　　　　　29

2．解説「ICA声明 ― 定義・価値・原則」
　　(1) 定義　　　　　　　　　　　　　　　　　　　　　　32
　　(2) 価値　　　　　　　　　　　　　　　　　　　　　　36
　　(3) 原則　　　　　　　　　　　　　　　　　　　　　　43
　　(4) 結論　　　　　　　　　　　　　　　　　　　　　　62

〈付〉「協同組合のアイデンティティに関するICA声明」（日本生協連＝訳）　65

---CD-ROM---
・『西暦2000年における協同組合（レイドロー報告）』1980年、日本生協連
・『協同組合とその基本的価値（マルコス報告）』1988年、
　　　　　　　　　　　　　　　　日本協同組合連絡協議会（JJC）
・『変化する世界における協同組合の価値（ベーク報告）』1993年、日本生協連

第Ⅰ部
「ICA声明」検討の経過と意義

1.「レイドロー報告」から「ICA声明」へ

(1)「レイドロー報告」は、
　協同組合のあり方に関する根本的な問い直しを提起した

　ICA(国際協同組合同盟)はこの四半世紀の間に協同組合の基本的なあり方に関する国際的な議論をリードしてきた。その発端になったのは、1980年のICA第27回大会(モスクワ)におけるレイドロー報告「西暦2000年における協同組合」であった。

　カナダのレイドロー博士[1]は、協同組合が「信頼性の危機」、「経営の危機」を克服してきたが、他の企業と同じような事業の技術や手法を使い、他の企業と同じように商業的成功以上のことを何もやらないということでいいのだろうかと自問し、協同組合の真の目的、アイデンティティ(協同組合らしさ)を失いつつあるとして「思想的な危機」に直面していると警鐘を乱打した。

　協同組合原則についても「六原則にまとめられた現在の定式についても疑問は残っており、多くの協同組合人はこの声明が完全に満足のいくものとなっていないと感じている」として、それが現行の慣行を原則の水準にまで格上げしてしまったこと、またそれが主として生協に準拠しており、他の協同組合に同様に適用することができないという欠陥を指摘した。

---

[1]　レイドロー:Laidlaw Alexander Fraser
　　1958年にカナダ協同組合中央会の会長になり、その他多くの協同組合組織の理事を務めた。

同時に、「レイドロー報告」は将来の選択として四つの優先分野を提起した。

すなわち、「世界の飢えを満たす協同組合」、「生産的労働のための協同組合」、「保全社会のための協同組合」、「協同組合コミュニティの建設」の四つである。これらは現代にも通じる優先分野であり、その後の世界の協同組合運動にも大きな影響を与えたことに見られるように、レイドロー博士の問題提起は先見性をもったものであった。

このように「レイドロー報告」は協同組合のあり方に関する根本的な問い直しを提起したが、処方箋を書くのは協同組合運動に携わる人であるべきとして回答は示さなかった。レイドロー博士は、モスクワ大会の直後に急逝し、また後述するように先進国協同組合の危機が深化し、ICAも本部事務所の移転問題で混乱するなかでこの問題提起は十分に受け止められなかった。

後に「変化する世界における協同組合の価値」を起草したスウェーデンのベーク氏[2]は、レイドロー博士の問題提起の5％でも真剣に取り上げられていたならば、80年代の協同組合運動の情景はまったく変わったものになっていただろうと慨嘆した。

(2) 先進国の協同組合は、「思想的な危機」のみならず、「信頼性の危機」、「経営の危機」に直面した

「レイドロー報告」の後、先進国の協同組合は「思想的な危機」のみな

---

[2] ベーク：Sven Åke Böök
　　1975年から82年にかけて、スウェーデン協同組合研究所の所長を務め、その後、スウェーデン協同組合学会の会長を務めた。

らず、「信頼性の危機」、「経営の危機」に直面し、解体するところも出てきた。

　フランスでは生協の構造改革によって18の拠点的な広域生協が全国生協事業高の80％を占めるところまで統合がすすんでいたが、1985年から翌年にかけて全国第2位のロレーヌ生協と第3位の北部地方生協が倒産し、続けて他の広域生協も連鎖倒産し、事業連合会（ＳＧＣＣ）も解散した。

　その結果、フランスには五つの広域生協のみが生き残り、生協の総事業高は半減した。生協連合会（ＦＮＣＣ）も本部ビルを失い、職員も全員解雇されたが、法人としては生き残った。この過程で組合員は生協の経営状況について知らされずに結果のみを押し付けられ、また広域生協間の確執と連合会への不信が表面化し、生協間の連帯が崩壊した。

　ドイツでは1970年代から生協の株式会社への転換がすすめられ、持ち株会社と会社化した生協が合併して1981年に創立されたコープＡＧ（株式会社）は全国生協事業高の74％を占めるにいたった。この過程で組合員数は激減し、株主として残った組合員はコープＡＧの株式の一割のみを保有する少数株主となった。

　コープＡＧは多数の関連会社を作ってマネーゲームを行ない、1987年には株式市場に上場し、一時高い株価をつけたが、最高幹部による粉飾決算や背任横領の疑惑がマスコミで報じられると、坂道を転がるように株価は暴落し、最終的には多国籍銀行の支配下に入り、1989年に国内最大の流通持ち株会社に買収されるにいたった。こうしてコープＡＧは組合員不在の株式会社化の行く末を示した。

　アメリカ西海岸のバークレー生協は13のスーパーマーケットをもつ北米最大の生協として、また消費者運動と結びついた様々のイニシアチブ

によって高い評価を得ていたが、1980年代に入ってから毎年大幅な赤字を計上し、また理事会内部の政治的紛争によって職員の士気も低下し、トップマネジメントが毎年交替するという経営危機に陥った。

　生協は赤字店舗を次々に売却する一方、組合員に相談することなく1985年に高級スーパーマーケットを出店して大赤字を出し、ついに1988年に全店舗を売却し、50年余の歴史に幕を閉じることになった。

　さらに、ICA本部事務所が1983年に多くの反対を押し切ってロンドンからジュネーブに移転された際に、当時のICA事務総長の専断的運営による混乱、全職員の解雇、ICA図書資料の散逸など、ICA自体が弱体化したことも危機に対する対応力を弱めることになった。

　1980年代にはヨーロッパは福祉国家の危機のなかで二桁の失業率に悩み、労働者生産協同組合や保育所協同組合、クレジットユニオンなど新たな協同組合が増加したが、ICAの中心部隊であった既存の生協セクターの損失を埋めるには至らなかった。

(3)「マルコス報告」は、組合員に立ち戻ることの重要性を訴えた

　このような先進国協同組合の経営危機や存立の危機の進行を目の当たりにして、1988年7月のICA第29回大会(ストックホルム)では当時のマルコス会長[3]が「協同組合とその基本的価値」として、「参加」、「民主主義」、「誠実」、「他人への配慮」を提起し、危機に対する処方箋として組合員に立ち戻れとのメッセージを出したが、そのきっかけになった

---

3)　マルコス：Marcus Lars
　　1984年のICAハンブルク大会で会長に選出され、1995年のマンチェスター大会で退任。

のは 1986 年 4 月に東京で開かれた ICA 生協委員会・女性委員会主催の「生協における組合員参加」に関する合同会議であった。

　日本生協連がホストとなったこの会議には 10 カ国 26 名の代表が参加したが、その討論と結論が両委員会の委員長や ICA 執行委員を通じてマルコス会長の耳に入り、組合員に立ち戻れというメッセージにつながった。

　マルコス氏はストックホルム大会の冒頭、「事の始まりは日本で開催された合同会議であった。その際に各国代表は班活動を通じた組合員参加に強い印象を受けた。ICA 執行委員会では組合員参加の問題が協同組合運動にとって非常に重要であることが確認され、伝統的経営が支配しがちな既存の組織があらためて協同組合の基本的価値に立ち戻ることが重要であると指摘された」という背景説明を行った。

　その後スウェーデン協同組合研究所の所長であったベーク氏は登場したばかりのパソコンを抱えて世界中の協同組合関係者から聞き取りを行い、また ICA 調査委員会委員長として各国の協同組合研究者とも議論を重ねた。日本にもたびたび訪れ、生協の班活動や大学生協、医療生協の活動を詳しく視察した。

　日本生協連も基本的価値検討委員会を設けて検討をすすめるとともに、協同組合の基本的価値に関する国内シンポジウムおよび国際シンポジウム（ベーク氏やマクファーソン氏[4]も参加）を開催して討議を深めた。

4）　マクファーソン：Ian Macpherson
　　カナダのビクトリア大学の歴史学の教授。カナダの協同組合連合会の会長、ICA の執行委員を務めた。

(4)「ベーク報告」は、
将来に向けてのグローバルな基本的価値を提起した

　4年間に行なわれた世界的な討議は、1992年のICA第30回大会（東京）におけるベーク報告「変化する世界における協同組合の価値」に結実した。
　ベーク氏はグローバルな基本的価値として「組合員のニーズに応える経済活動」、「参加型民主主義」、「人々の能力の発揚」、「社会的責任・環境に対する責任」、「国内的・国際的な協力」を提起した。
　さらに、ベーク氏は出資金に対する利子制限、資本形成の方法、職員の運営参加、協同組合の自立などに関して協同組合原則改定の必要性を示唆した。
　ICA東京大会はベーク氏に謝意を表するとともに、協同組合原則の再検討作業を開始し、1995年のICA総会でしかるべき変更をすることを勧告する決議を採択した。
　また、東京大会ではICAの規約が改正され、従来のヨーロッパ中心の運営から世界の四つのリージョン（アフリカ、南北アメリカ、アジア太平洋、ヨーロッパ）毎の活動を中心に組み立てるように変更が行なわれた。
　東京大会はICAがヨーロッパ中心から真にグローバルな組織に、生協中心から各種協同組合を網羅する組織となる転換点となった。

(5)　協同組合のアイデンティティの危機は深化した

　80年代末から90年代にかけて、西側では新自由主義の政策運営が頂

点に達する一方、東側では中央計画経済が行き詰まり、市場経済と複数政党制に移行するなかで冷戦構造が崩壊した。市場経済のグローバル化がすすむなかで、先進国協同組合は大きな挑戦に直面した。

ヨーロッパでは1992年末までにヨーロッパ共同体の市場統合がすすめられ、食品産業や流通業でも国境を越えたM＆A（合併吸収）やアライアンス（共同仕入れグループ）の結成がすすめられ、国際的な競争が激化した。そのなかで、スウェーデンの生協は生き残りをかけて1992年以降連合会が単協の事業を統合し、各種生産・サービス事業から撤退して小売事業に集中する構造改革をすすめた。

また、全国単一のオーストリア生協はかつて国内最大の小売業者、食品加工業者であったが、労組や政党出身の役員による経営と投資の失敗によって構造的な経営危機に陥り、スイスのミグロとの提携による起死回生策も失敗し、1995年に崩壊した。これらの動きのなかで、組合員は意思決定から疎外され、生協は組合員組織としてのあり方を問われることになった。

旧ソ連・東欧諸国では、市場経済移行に伴う新政権の敵対的な政策運営と民営化をめぐる混乱のなかで集団農場を始めとして多くの協同組合的組織が解散し、生き残った協同組合もその市場占有率は大幅に低下した。かつて国家によって統制されるとともに保護されてきた協同組合は西側先進企業との競争に投げ込まれるとともに、自立した協同組合としてのあり方を改めて確立することを迫られた。

さらに、発展途上国でも世界銀行やＩＭＦによる「構造調整政策」（ＳＡＰ）によって国家規制から市場経済への移行がすすめられ、協同組合についても従来の国家による保護が撤廃されるとともに市場における競争に晒されることになった。

一方、国際社会はグローバル化のなかで進行した地球環境の悪化、人口爆発、失業や貧困、南北格差、男女差別などの問題に関心を向けるようになり、協同組合運動も市民社会の重要な構成要素としてコミュニティの持続可能な開発に積極的に関与することが求められるようになった。

国連は1992年の地球サミット（リオ・デ・ジャネイロ）、94年の国連人口開発会議（カイロ）、95年の世界社会開発サミット（コペンハーゲン）、世界女性会議（北京）などを開催してきたが、ＩＣＡや各国協同組合はこれらの会議に参加するとともに、それぞれ国内における取り組みを強化してきた。

先進国の生協では消費者組織および流通事業者としての環境問題に関するイニシアチブを強め、また金融や保険の協同組合は倫理やジェンダーに関する取り組みを強めてきた。

また、保健協同組合や労働者生産協同組合の健康づくりや雇用創造に対する貢献が国連諸組織でも注目され、国際的・国内的な組織化もすすんだ。

(6)「ＩＣＡ声明」を貫くキーワードは「組合員」

協同組合運動と国際社会をめぐるこのような動きを踏まえて、カナダのビクトリア大学のマクファーソン教授は、東京大会以降３年間、世界の協同組合リーダーや研究者と討議を重ね、ＩＣＡマンチェスター大会に向けての新協同組合原則の起案をすすめた。この過程は先進国のみならず、アジアや中南米の協同組合もまきこみ、最終的には１万人の人々が直接参加する文字通りの「国際的な対話」となった。

マクファーソン氏は協同組合の定義、価値、原則を1ページの「協同組合のアイデンティティに関する声明」にまとめることを目標に掲げ、ＩＣＡ加盟組織に対するアンケート調査を行い、各国協同組合リーダーや研究者の意見を盛り込みながら7次にわたる案を作成した。

日本生協連は「21世紀構想研究会」において新協同組合原則のあり方について検討し、マクファーソン氏に対して組合員の出資、利用、運営参加の三位一体の意義、職員の果たす役割や組合員との相互の学びあいの重要性など多くの問題提起を行なったが、そのうちのいくつかは取り入れられた。

例えば、原案は協同組合が組合員の経済的・社会的ニーズを満たすことを本来の目的としていることは当然であるが、同時に心豊かなくらしや人間関係、心と心のふれあい目指すヒューマンニーズは不十分にしか触れていないと指摘した。マクファーソン氏はこれを「文化的ニーズ」として原案に盛り込むことにした。

また、ドイツのＩＣＡ会員組織（生協連合会、ライファイゼン連合会、住宅連合会、ドイツ東部の生協連合会）も価値の部分に「協同組合の創設者たちの伝統を受け継ぎ」という文言を入れ、また自助、自主管理、自己責任などのライファイゼン原則に含まれる価値を盛り込むよう主張し、取り入れられた。

1995年のＩＣＡ創立100周年記念大会・総会（マンチェスター）においてＩＣＡ理事会によって「協同組合のアイデンティティに関する声明（「ＩＣＡ声明」）」が提案されたが、そこではドイツの会員組織の主張によって「文化的ニーズ」が削除されていた。日本生協連代表は「文化的ニーズ」を盛り込むように主張し、これはドイツ側の了解を得て盛り込まれることになった。

その結果、「ＩＣＡ声明」を承認する決議は全会一致で採択され、協同組合の定義、価値、原則が確認された。これはＩＣＡの協同組合原則としては1937年、1966年に次いで三度目の改定となった。
　これによって、レイドロー報告以来15年にわたる協同組合の基本的なあり方に関する国際的な議論は一応の決着を見た。
　「ＩＣＡ声明」では全ての原則に組合員がキーワードとして貫かれた他、新たに「自治と自立」、「コミュニティへの関与」の原則が盛り込まれた。
　「ＩＣＡ声明」は「協同組合原則は、協同組合がその価値を実践するための指針である」と規定し、七つの原則を掲げている。このうち、五つの原則は旧六原則を集約したものであり、二つの原則は新たに追加されたものである。
　すなわち、旧六原則のうち第３原則「出資金利子制限」、第４原則「剰余金の配分」は新原則の第３原則「組合員の経済的参加」にまとめられたが、残りの原則は新原則のリストに引き継がれた。
　一方、新たに追加された「自治と自立」、「コミュニティへの関与」という二つの原則はこの間の環境の変化を踏まえて協同組合原則として盛り込まれたものであり、重要な意味をもっている。
　第Ⅱ部でご紹介する「ＩＣＡ声明の背景資料」は「協同組合はいずれか一つの原則のみによって判断されるべきではなく、原則全体をいかにうまく遵守しているかによって評価されるべきである」として、七つの原則の一体性を強調している。
　また、前半の三つの原則は基本的にどんな協同組合にもあてはまる内的力学を説明するものであり、後半の四原則は協同組合の内的活動と外の世界との関係を扱ったものであるとして区別している。

ICA協同組合原則の変遷

第15回ICA大会で採択された原則（1937年）	第23回ICA大会で採択された原則（1966年）	ICAマンチェスター大会で採択された原則（1995年）
1．加入・脱退の自由、公開	1．公開	1．自発的で開かれた組合員制
2．民主的管理、1人1票	2．民主的管理	2．組合員による民主的管理
3．利用高配当	4．剰余金の処分	3．組合員の経済的参加
4．出資金利子制限	3．出資金利子制限	
5．政治的・宗教的中立		
6．現金取引		
7．教育促進	5．教育促進	5．教育・訓練および広報
	6．協同組合間協同	6．協同組合間協同
		4．自治と自立
		7．コミュニティへの関与

2．「ＩＣＡ声明」の意義

「ＩＣＡ声明」はどのような意義をもつのか

　まず第一に、「ＩＣＡ声明」は多様な協同組合の思想と実践の最大公約数としての合意であるということである。
　世界の協同組合の思想と実践は地域によっても種類によっても千差万別であるが、すべての協同組合が準拠すべき共通の基準として合意され

たことの意義は大きい。

「ＩＣＡ声明」は協同組合の定義、価値、原則について１頁の文書にまとめ、「協同組合とは何か、何を大切にし、いかに行動するか」という問いに対して答えを出している。この答えは完璧で不変のものではなく、たえず見直していかなければならないものであるが、価値観が多極化する世界において最大公約数として合意されたものである。

原則については、レイドロー博士が指摘した「現行の慣行を原則の水準まで格上げしてしまったこと、またそれが主として生協に準拠しており、他の協同組合に同様に適用することができないという欠陥」を除去するために、原則のガイドラインとしての役割を明確にし、また各種協同組合に受け入れられるように注意深く定式化され、世界の協同組合の指針として合意された。

第二に、「ＩＣＡ声明」は協同組合内部の規範にとどまらず、国連機関や政府における公共政策の基準として採用されたことである。

「ＩＣＡ声明」が協同組合内部でのみ通用する規範であるならば、政府の協同組合に対する政策、取り扱いに影響を及ぼすことができず、協同組合が自立しようとしても政府の無理解によって頓挫してしまう可能性が高いが、「ＩＣＡ声明」は国連の協同組合に関するガイドラインやＩＬＯの協同組合に関する新勧告で準拠すべき基準として採用されることによって各国政府や国連機関が参照すべき規範としての意味をもつようになった。事実、「ＩＣＡ声明」の発表以降、多くの国でその内容を盛り込んだ協同組合法の改正や協同組合政策の採択がなされた。

第三に、「ＩＣＡ声明」はグローバル経済の時代における協同組合の強み（advantage）の基礎となりうるということである。

グローバル経済は国境を超えたヒト、モノ、カネ、情報の流通によっ

て新たな富や利便性を生み出したが、同時に短期投機資本の流出入による国民経済の撹乱、国内や南北間の格差の拡大、地域的な産業やコミュニティの崩壊、地球規模の環境悪化といった副作用も生み出した。

　事業の世界では規制緩和や民営化、株価総額を利用したM＆Aなどマネーゲームが主流として喧伝されたが、エンロンやワールドコムなどの会計操作や破綻が明るみになるにつれてその限界が指摘されるようになった。

　このような時代背景のなかで「ＩＣＡ声明」は人間を基本としコミュニティにルーツをもつ協同組合の価値や原則を明らかにすることによって、協同組合の強みを発揮するための基礎を提供している。

第Ⅱ部
解説「ICA声明」

第Ⅱ部では、1995年9月、イギリスのマンチェスターで開かれた国際協同組合同盟（ICA）100周年記念大会で採択・承認された「協同組合のアイデンティティに関するICA声明背景資料（背景資料）」を掲載しました。
　「背景資料」には、「原則改定の根本的理由」「協同組合のアイデンティティに関するICA声明についての解説」が収載されています。
　「ＩＣＡ声明」の解説には、編集部による補足説明を加えています。
　「ＩＣＡ声明」の訳は日本生協連、「背景資料」の訳は生協総研の栗本昭氏によるものです。
　なお、小見出しについては原文も生かしながら、読みやすさを考え、編集部でつけさせていただきました。

1．原則改定の根本的な理由とは

(1) なぜ、原則を定期的に見直すのか

　1995年に開かれたＩＣＡマンチェスター大会は「21世紀に向けての協同組合原則」を第一のテーマとして開催された歴史的な大会でした。この大会で採択されたのが「協同組合のアイデンティティに関するＩＣＡ声明（ＩＣＡ声明）」です。この声明には「協同組合の定義」とリストアップされた「運動の基本的価値」さらに21世紀の前半を見通し協同組合の指針となるように改定された「原則」が含まれます。

　ＩＣＡは1895年の設立以来、協同組合の定義を決定し、協同組合の指針となるべき原則を作り上げるうえで、最も権威のある機関でした。

　ＩＣＡはこれまで、1937年と1966年の２度にわたって協同組合原則を作成し、世界に広めてきました。それらは、その当時の世界情勢の中で、協同組合原則をどのように受け止め、理解すべきかを説明しようとするものでした。今回、マンチェスター大会で改定された原則もまた同様に、今日の世界情勢における協同組合の指針となるべきものとして採択されたのです。

　このように原則を定期的に見直すことが、変化する世界の中で、協同組合の新たな挑戦を生み出す源泉となります。協同組合の思想をいかに現実の世界に適用させるか、新たな挑戦のためにいかなる組織を作り上げなければならないのか、を提案するのです。より重要なことは、原則の見直しが、世界中の協同組合人に、彼らの運動の基本的な目的は何であるのかをあらためて検討させることなのです。

協同組合運動は常に変化を繰り返してきました。過去をふり返ればそれは変化の歴史そのものでありましたし、将来もまた変化の連続となるでしょう。しかし、それらの変化の底には、すべての人類に対する深い尊敬が流れており、相互自助を通じて経済的にも社会的にもみずからの状態を改善していく人びとの能力に対する信頼があるのです。

　さらに、協同組合運動は民主的な手続に則った経済活動が望ましく、実現可能なことであり、そして効率的であると確信しています。また、民主的に管理される経済組織が公共のために貢献すると信じています。1995年のＩＣＡマンチェスター大会で採択された「協同組合のアイデンティティに関する声明」はこうした哲学的見解に基づいています。

(2)　なぜ、「ＩＣＡ声明」が生まれたのか

　協同組合は世界中で様々な形態を取りながら存在し、種々のニーズに応えて、多様な社会で繁栄しています。あらゆる種類の協同組合が、たった一つの根から発生したわけではないのです。実際のところ、「ＩＣＡ声明」をまとめた主要な理由は、このような協同組合の多様性を反映し、活動の内容や活動する場所に関わりなくすべての協同組合に当てはまるべき規範を表すことでした。とりわけ、声明はすべての主要な伝統に属する協同組合が繁栄し効果的に協力しあうための共通の基盤を提供しました。

　協同組合は、歴史的には19世紀のヨーロッパにおいてはじめて独自の合法的組織として登場しました。協同組合は1840年代の困難な時期に最初の持続的な成功を納め、五つの特長ある伝統のなかで成長したのです。すなわち「生活協同組合」、「労働者協同組合」、「信用協同組合」、「農業

協同組合」、「サービス協同組合」です。

　生活協同組合はその発端がロッチデールの先駆者と結びついて長い間よく知られてきました。労働者協同組合は、初期にはフランスで最大の力をもっていました。信用協同組合はドイツで大規模に始まりました。農業協同組合は、デンマークとドイツで早くから根をおろしました。住宅協同組合や医療協同組合といったサービス協同組合は、19世紀も終わり近くにヨーロッパの多くの工業地域で現れました。これらの協同組合は、成功の度合いに違いはあっても19世紀にはほとんどのヨーロッパ諸国で開花し、20世紀には世界中に拡がっていったのです。

　ICAは「ICA声明」を通じて、これら五つの協同組合の伝統は対等であることを正式に確認し、受け入れました。

　また、ICAはそれぞれの伝統が活力を持っていること、生い立ちは違っていても、それぞれ異なった社会や文化のなかで異なるやり方で適応してきたことを確認しました。それだけではなく、「ICA声明」は、あらゆる種類の経済、社会、政治の環境において協同組合に等しく役立つことをめざしました。

　さらに「ICA声明」は、すべてのグループが、原則を遵守し、お互いに学び合いながら、自分たちのニーズや経験、文化に応じて組織を形作ってきたことによって、非常に特徴のある方法で自分たち自身の協同組合運動を作り上げてきたことを確認したのです。

(3)　原則改定の根本的な理由とは

　1970年から1995年の間に、世界中で市場経済の影響が急速に拡大してきました。それまであった貿易障壁は著しく低くなりました。自由貿

易地域がつくられ、農業に対する政府援助は縮小し、金融業界における規制は緩和されました。このような変化の多くは、多数の協同組合が数十年にわたって活動してきた経済的な枠組みを脅かしているのです。協同組合は繁栄するために、多くの場合、単に生き残るために、このような状況の変化に対していかに対応すべきかを検討しなければなりませんでした。

　こうした変化は、ほとんどの協同組合がずっと激しい競争の渦に巻き込まれることを意味しています。資本は、現代の発達した通信手段を利用し、ほとんど干渉を受けずに最も有利な投資先を探して世界中を駆け回ります。これが経済的に意味することは、多くの協同組合が巨大な多国籍企業との競争にさらされたということです。多国籍企業の多くは協同組合がもち得ないような資本を有し法制面でも優遇されているのです。

　知的・態度的なレベルで言えば、投資家が管理する企業の優位性を宣伝する国際的なメディアや教育機関が協同組合に立ちはだかってきました。このような状況のもとで、人びとの利益のために民主的に管理される企業の価値に疑問が投げかけられ、協同組合をユニークで価値のあるものにしているのは何かということに関して、明確なビジョンを打ち出すことが必要となっていました。

　また、中・東欧では、中央集権的経済が没落したことにより、協同組合の役割に疑問が投げかけられることになりました。逆説的ですが、このことにより協同組合企業の再生への道が開かれることにもなったのです。しかし、新しい再生した運動をいかに制度化し促進するべきかについて明確な理解がある場合にのみ、再生は起こりうるのです。

　同時に、多くのアジア諸国の急速な成長は、ラテンアメリカやアフリカの一部における経済成長とともに、協同組合を発展させる未曾有の

チャンスを与えています。実際、これらの大陸の協同組合リーダーは、多くの新しい知識と新鮮な熱意を提供しており、そのなかから協同組合の未来についての検討が精力的に行なわれてきました。

こうした発展はすべて国際的運動に新しい展望をもたらしました。それはいくつかの伝統的な決め付けに挑戦し、新しい解釈を提供し、古くからの問題への新しい解決策を提起したのです。もっとも、こういったチャンスをつかむには、急速に変化を続ける社会において、協同組合はどのような役割を演じなければならないのかを明確に見極める必要があります。

協同組合は1990年代を通じて別のより普遍的な課題に直面しています。それは今後数十年にわたってより重要になることが想定される課題、世界中の人類の条件における根本的変化と結びついた課題です。そのなかには、世界の人口の急速な増加、環境に対する圧力の増大、世界のほんの一握りの人びとへの経済力の一層の集中、あらゆる文化の中でコミュニティを悩ます様々な危機、地球上のあまりにも多くの場所で明白となった貧困の深刻化、ますます頻発する「民族」戦争によって惹起された問題、が含まれます。

協同組合は独力でこうした問題を完全に解決することは期待できませんが、その解決にむけて大いに貢献することはできます。

協同組合は高品質の食品を適正な価格で生産し販売することができます。

協同組合は、これまでしばしばしてきたように、環境に対する配慮を示すことができます。

協同組合は経済力をより広く公正に配分するという歴史的役割を果たすことができます。

協同組合はそれが所在するコミュニティを高めることが期待されています。

協同組合は自助の能力のある人びとが貧困から抜け出すことを支援することができます。

協同組合は異なる文化、宗教、政治的信条をもつ人びとが和解することを助けることができます。

協同組合人はその独自性の伝統を足場に効率的に組合員のニーズにとりくむことによって、世界に多くのものを与えることができるのです。

以上から、「協同組合のアイデンティティに関する声明」は、歴史的、現代的そして未来に向かっての文脈の中で見ることが必要なのです。以下、このような三つの視点から、「ICA声明」の各セクションについて簡潔に解説します。

2．解説「ICA声明 — 定義・価値・原則」

(1) 定義

「ICA声明」は協同組合を次のように定義しています。

「協同組合は、共同で所有し民主的に管理する事業体を通じ、共通の経済的・社会的・文化的なニーズと願いを満たすために自発的に手を結んだ人びとの自治的な組織である。」

協同組合をこのように定義したのは、叙述を最小限にとどめようとしたからです。またこの叙述は「完璧な」協同組合の定義を意図したものでもありません。様々な協同組合の組合員が種々異なった形で関与するだろうし、またそれぞれの組合員は自分たちの活動のすすめ方についての自由をもたなければならないという認識から、定義の表現は意図的に範囲を広くしています。

定義はまた、以下のような協同組合の特徴を強調しています。

協同組合は自治的なものです。すなわち、政府や私企業からは可能なかぎり独立しています。

協同組合は「人びとの組織」です。このことは、協同組合が「人びと」を自ら選択した法的方法で定義づける自由をもっていることを意味します。世界中の多くの単位協同組合は、個々人の加入のみを認めていますが、会社を含むいろいろな法的形態の「法人」の加入を認め、他の組合員と同様の権利を与えている単位協同組合も少なくありません。すべての場合において、どのように民主主義を実践してゆくかはそれぞれの協同組合の組合員によって決定されるべき事柄です。

人びとは「自発的に」結束するのです。組合員は協同組合に強制的に加入させられてはなりません。協同組合の目的と資源の範囲内では、組合員は加入も脱退も自由にできるべきなのです。

協同組合の組合員は「共通の経済的・社会的・文化的ニーズを満たす。」定義のこの部分は、協同組合が組合員の個別の利益および相互の利益のために組合員によって組織されることを強調しています。

通常、協同組合は市場のなかで活動しなければならず、したがって効率的かつ慎重に運営されなければなりません。大半の協同組合はまず経

済的目的をかなえるために存在しますが、同時に社会的・文化的な目標をもっています。

「社会的」が意味することは、保健サービスの提供や保育のような社会的目標を満たすということです。このような活動は、組合員の役に立つサービスを提供するように経済的方法で行なわなければなりません。

協同組合はまた組合員の関心や願いを満たすために、例えば民族文化の振興を支援したり、平和運動を推進したり、文化・スポーツ活動を後援したり、コミュニティにおける人間関係を改善するなど、文化的目標を包含することもできます。

実際のところ、これからの世界において、文化的・知的・精神的な面でよりよい生き方の提供を支援することは、協同組合が組合員に役に立ちコミュニティに貢献することができる最も重要な方法の一つとなりうるのです。

組合員のニーズは単一な場合もあるし、時には極めて限定されたものであるかもしれません。また組合員のニーズは多様なものであるかもしれませんし、それが社会的・文化的なものであることもありますが、純粋に経済的なものであるかもしれません。しかし、それが何であろうとも、組合員のニーズこそ協同組合が存在する中心的な目的なのです。

協同組合は「共同で所有し民主的に管理する事業体」です。この文言の強調するところは、協同組合においては管理が組合員の間で民主的に分配されるということなのです。所有権と民主的管理に関するこうした二重の特徴は、協同組合を別の種類の組織、とりわけ資本がコントロールする企業や政府がコントロールする企業などと識別する際に特に重要になってきます。

また、それぞれの協同組合は、通常は市場で活動する組織された存在

という意味で「事業体」であり、したがって協同組合は効率的かつ効果的に組合員に奉仕することに励まなければなりません。

●編集部の補足説明

協同組合の定義はこれまで様々な組織や研究者によってなされてきたが、ＩＣＡ自体は定義を提供しなかった。定義は、協同組合の本質と目的、手段を盛り込み、株式会社、非営利組織、社会運動との違いを明確にしている。

まず、協同組合は「人びとの自治的な組織」であるとして、組合員のアソシエーション（人と人の結合体）としての本質を明確にしている。この点で資本と資本の結合体としての性格が強い株式会社と異なる。これは、協同組合の議決権が「１人１票」であり、株式会社の議決権が「１株１票」であることに反映されている。

また、協同組合は「（組合員の）共通の経済的・社会的・文化的ニーズと願い」を実現することを目的としていることを明確にしている。これは出資者である株主に最大の配当を行なう「利潤極大化」という株式会社の目的と異なり、協同組合が出資者であり利用者である組合員のニーズと願いを実現するという目的を表わしている。

また、非営利組織の「不特定多数の人々へのサービス提供」という文言は公益目的とも異なる協同組合の共益組織としての特徴を表わしている。

さらに、協同組合は「事業体を通じ」て目的を達成するという点で、協同組合は事業活動を通じて運動の目標の達成を目指すのであり、事業活動なしでは存在し得ないことを意味している。

かつてフランスの生協が過半数の組合員、事業高を失う経営危機

に陥った時に消費者運動として生き残るという選択肢が標榜されたことがあったが、生協の倒産とともに生協が主体となった消費者運動も解体した。

(2) 価値

　協同組合運動には深遠で卓越した知性の歴史があります。過去10世代にもわたる人類史のそれぞれの時点において、世界各地の多くの理論家が協同組合の思想に多大な貢献をしてきましたが、そういった思想の多くは協同組合の価値に関連するものでした。
　さらに、世界中の協同組合は、すべての主要な宗教やイデオロギーを含む一連の豊かな信念体系の中で発展してきたために、協同組合のリーダーやグループ自体がこういった信念体系に大いに影響されることになりました。したがって、協同組合内部においては、往々にして価値の議論がふさわしい倫理的行動についての深い関心を包含することは避けられませんでした。それゆえ、協同組合の基本的価値についてコンセンサスを得ることは、必ず報いられるとはいえ、なかなか複雑な仕事となります。
　1990年から1992年にかけての間、スウェーデンのスヴェン・オーケ・ベーク氏の指導のもと、ICAの会員組織と独立した研究者たちが協同組合の価値の本質について広範囲にわたる討論を行ないました。この研究の成果は『変化する世界における協同組合の価値』（ベーク著、ICA発行）で知ることができます。この本は『協同組合原則をどう生かすか』（W．P．ワトキンズ著）とともに、協同組合のアイデンティティに関す

る声明を導き出す理論的文脈を大いに提供していますので、この問題をもっと深く追究したいと思う人には特に上記2冊の本を推薦するものです。

　「ICA声明」では、価値についてまず、「**協同組合は自助、自己責任、民主主義、平等、公正、そして連帯の価値を基礎とする。**」と書いています。

　一般に「**自助**」について語るときは、人はすべて自分の運命を切り開くよう努力できるし、また努力すべきだという信念に基づいています。しかし協同組合人は、一人の人間が真に発達するためには他人との協同が不可欠であると信じています。個人として努力できること、達成できることは限定されています。共同行動と相互責任を通じて、とりわけ市場あるいは政府に対して集団的な影響力を行使することによって、人はもっと多くのことを達成できるのです。

　個人はまた、協同組合の成長を促すために技術を習得し、仲間の組合員を理解し、自分たちの属している広範な社会について深く洞察することにより、共同の行動を通じて成長します。こういった点から、協同組合はそこに関係するすべての人びとにとって継続的な教育と発達を促進する組織となるのです。

　「**自己責任**」とは、まず組合員が自分たちの協同組合を設立し持続的に活力を与えることに対する責任を負うことを意味するものです。そして、組合員はその家族、友人、知人の間で協同組合を推進するという責任をもちます。

　さらに、「**自己責任**」は、自分たちの協同組合が他の公的・私的組織から独立を保つことを組合員として保証する責任があることを意味します。

協同組合は「**平等**」に基づいています。協同組合の基礎的単位は組合員です。この場合の組合員とは、人間、または人間の集合体を言います。いずれにしても人間を基礎としている点が、資本の利益が第一義的に支配する企業と協同組合を区別する主要な特徴なのです。

　組合員は参加する権利、情報を得る権利、意見を聞いてもらう権利、意思決定に関与する権利を有しています。

　組合員は組織において可能な限り平等に扱われなければなりません。それは時として大規模な協同組合や協同組合の連合体のような場合は困難な課題になってきます。実際、平等を達成しさらにそれを維持することに関わることは、すべての協同組合にとって継続的な課題となっています。

　究極において、「平等」は最も簡素な規則の表明であるとともに、事業を行なうための方法でもあるのです。

　同様に、協同組合の中で「**公正**」を貫くことは継続的で終わることのない課題となります。何よりも、「公正」とは協同組合の中で組合員がどう扱われるかという問題なのです。その点で組合員は、協同組合への参加に対する報酬の面で「公正」に扱われるべきであり、通常は利用割戻し、組合員名義の出資金の積立て、料金の引下げといった形で報酬が与えられることになります。

　最後の運営上の価値は「**連帯**」です。この価値は国際協同組合運動において長い間、神聖なものとして扱われてきた歴史をもっています。

　協同組合においては、「連帯」の価値は、協同組合活動が限定された自己利益を追求するための偽装の形態ではないことを保証するものです。協同組合は組合員の結合体以上のものであり、協同組合は集団的組織でもあるのです。

組合員はすべての組合員ができるだけ公正に扱われることを保証する責任をもちます。

また、全般的利益を常に念頭におき、協同組合に関わる非組合員と同様に、（組合員であるなしにかかわらず）職員を公正に扱う不断の努力を行なう責任をもっています。

また、「連帯」は協同組合が組合員の集団的利益に責任をもつことを意味します。とりわけ、それは集団に属する協同組合の財政的・社会的資産、すなわち共同のエネルギーと参加の結果生み出された資産を一定程度代表しているのです。この意味で、連帯の価値は協同組合が単に個人の集まりという事実に注意を喚起します。協同組合は集団の力と相互責任の証しなのです。

さらに、「連帯」とは協同組合人と協同組合が協同するということを意味します。協同組合は地域や全国、広域あるいは国際のレベルで、団結した協同組合運動を作り出すことを熱望しています。

協同組合は、組合員に最高の品質の商品やサービスを最低の価格で提供するために、あらゆる実践的な方法で協同します。

協同組合は、一般の人びとや政府に対して共通の顔を示すように協同します。

協同組合は、さまざまな目的の違いと文脈の違いにも関わらず、すべての協同組合の間に共通性が存在することを受け入れます。

最後に、「連帯」は協同組合思想の核心にある二つの基本的な概念である自助と互助の原因であると同時に結果でもあるということを強調する必要があります。協同組合を他の経済組織の形態と区別するのはこの思想です。いくつかの国では自助と互助の概念は政府によって無視され、協同組合は政府の発議、後援、財政的援助を通じて組織され、運動が政

府によって管理運営されるという不幸な事態がありました。

したがって、とりわけ発展途上国では、自助と相互責任に基づく協同組合人と協同組合の間の「連帯」が理解され尊重されることが必要不可欠となっているのです。もちろん、先進工業国においても同様のことが言えます。

「価値」についての記述は次のように続きます。

「それぞれの創設者の伝統を受け継ぎ、協同組合の組合員は、正直、公開、社会的責任、そして他人への配慮という倫理的価値を信条とする。」

あらゆる偉大な運動の起源においては「**創設者**」として顕著な貢献をした卓越した男女がいました。「それぞれの創設者の伝統を受け継ぎ」という文言は、そのような偉大な男女がいたという事実を表明しています。ロッチデールの先駆者たち、フリードリッヒ・ライファイゼン、ヘルマン・シュルツェ・デーリッチ、フィリップ・ビュシェ、グルントウィ司教、そしてアルフォンス・デジャルダンのような人びとは、彼らが創設を助けた運動のなかで尊敬され、またそれ以外の運動の協同組合人によって賞賛されています。

さらに、彼らの貢献は極めて実践的であっただけでなく、そのプラグマチズムが重要であったのと同様に、倫理的かつ道徳的なものでもありました。同時に、それぞれの国の運動は自らの創設者である男女をもち、その実践的および倫理的な価値はいまだにきわめて重要な役割を担っているのです。

ここで「創設者」に言及しているのは、あらためてこのような人びと

を想起することを意図したものです。

　協同組合が熱望する倫理的価値が、一部の資本がコントロールする組織や政府所有機関の活動にも影響を与えていると正しく主張することができます。しかしそのような事実があるという一般性からここでこの価値を取り上げているのではありません。

　倫理的価値は協同組合の伝統において特別な位置を占めていることから取り上げているのです。とくに、19世紀に各種協同組合が登場した当時、倫理的価値はそのなかでもひときわ重要なものでした。

　さらにその後の協同組合運動の成長発展に責任をもった多くの人びとにとっても、倫理的価値が持っている本質的重要性は明白なものでした。

　19世紀の初期協同組合の多くは「正直」ということに特に関心をもっていました。実際この価値のために、その当時協同組合が市場で行った努力は際立っていました。そのことが最もよく知られているのはロッチデール先駆者組合ですが、彼らは何よりも正直な計量、高品質、公正価格を主張しました。

　労働者協同組合が、その全歴史を通じて、正直な経営公開制度を作り上げるために努力したことは有名です。金融協同組合は、その事業、とりわけ支払い利息の計算を正直に行なったことにより、世界中で素晴らしい評判を得ました。農業協同組合は、正直な表示を付した品質の高い農産物に傾注することにより長年の繁栄を手にしました。

　また、正直に関する特別の伝統を引き合いに出すまでもなく、協同組合は組合員と正直な取引をしてきたのですが、さらにそれは非組合員との正直な取引へと拡がりました。同様の理由で、協同組合は「公開」への志向をもちます。協同組合は、組合員、一般の人びと、さらに政府に対しても、自分たちの活動に関する大量の情報を定期的に公開する公共

性をもった組織となっています。

　残りの二つの倫理的価値は、協同組合がコミュニティと特別の関係をもっていることから発生する価値です。すなわち、協同組合はコミュニティの構成員に開かれ、一人ひとりの自助を手助けするための関わりをもちます。
　協同組合は一つあるいは複数のコミュニティにまたがって存在するいくぶん集団的な組織です。協同組合は、コミュニティにおける諸個人の健康について関心をもつという伝統を継承してきました。以上のことから、協同組合は「あらゆる活動において」「**社会的責任**」を果たすべく努力する義務があるのです。
　また、多くの協同組合は財政的力量の範囲内で、「**他人への配慮**」に対して優れた能力を示してきました。協同組合の多くはコミュニティに対して人的・財政的資源による重要な貢献を行なってきました。多くの協同組合は発展途上国の各地で協同組合の成長のために広範な支援を提供してきました。これらは協同組合人が誇るべき伝統であり、強調すべき価値なのです。
　端的に言えば、正直、公開、社会的責任、他人への配慮は、どんな種類の組織でも有している価値ですが、協同組合事業においては特に説得力のある、何人も否定することのできない価値となっているのです。

●編集部の補足説明
　ここでは協同組合の価値と組合員の倫理的価値が掲げられているが、それぞれ組織にも組合員にも適用されうる。
　また、これらの価値は協同組合の専売特許ではなく、人類が築き

上げてきた共通の価値のなかから協同組合が特に重視すべき価値を列挙したものであり、協同組合原則のバックボーンとなっている。

　このうちのオネスティについてはマルコス報告では「誠実」と訳され、「声明」の訳語としても当初これが採用されたが、その後、生協の粉飾決算や取引業者による偽装表示が表面化するなかで「いつわりのないこと」、「ありのまま」を意味する直截的な表現として「正直」という訳語がとられるようになった。

　また、「それぞれの協同組合の創設者の伝統を受け継ぎ」として複数形になっているのは、世界の生協の模範となったイギリスのロッチデールの先駆者ばかりでなく、信用協同組合の先駆けとなったドイツのライファイゼンやシュルツェ・デーリッチ、カナダのデジャルダン、労働者協同組合の設立を励ましたフランスのビュシェ、農協の形成に影響を与えたデンマークのグルントウィ司教などの創設者たちの伝統を同等に位置づけたことを示している。

(3) 原則

　多くの人々は「原則とは完璧に従わなければならない厳しい戒律だ」と理解しています。ある意味でそれは真実です。なぜなら原則とは一般に測定の基準を提供するものでなければならないからです。またある意味では、原則はある種の行動を制限し時には禁止すらしながら、他の行動を奨励するものです。

　しかし、原則とは戒律以上のものであり、それは行動判断と意思決定のための指針（ガイドライン）でもあります。その協同組合が原則を文

面通りに履行しているかどうかを問うだけでは充分ではありません。原則の精神に沿っているか、各原則が生み出すビジョンが個別的にも集合的にも協同組合の日々の活動に深くしみこんでいるかどうかを知ることが重要なのです。

そういった視点からすれば、協同組合原則とは定期的、儀式的に見直されるような使い古されたリストではなく、それらは力を与える枠組みであり、活気を与える原動力であり、それを通じて協同組合は未来をつかむことができるものなのです。

協同組合の核心を成す原則は、それぞれがお互いに独立しているわけではありません。それは微妙に関連し合っており、もしその中の一つが無視されれば、すべてが減価してしまいます。協同組合はいずれか一つの原則のみによって判断されるべきではなく、原則全体をいかに整合性をもって遵守しているかによって評価されるべきなのです。

1995年の「声明」には七つの原則が提示されています。すなわち、自発的で開かれた組合員制、組合員による民主的管理、組合員の経済的参加、自治と自立、教育・研修および広報、協同組合間協同、コミュニティへの関与の七つです。

前半の三つの原則は基本的にどのような協同組合にもあてはまる内的力学を説明するものであり、後半の四つの原則は協同組合の内的活動と外の世界との関係を扱ったものです。

第1原則「自発的で開かれた組合員制」

簡潔に表現されているこの原則の冒頭は**「協同組合は自発的な組織である」**ことを強調する文言となっています。

これは人びとが協同組合に関わるとき自発的に選択することの根本的

重要性を再確認しているのです。人々をして協同組合人に強制することは出来ません。人びとには協同組合が拠って立つ諸価値を学び理解する機会が与えられなければなりません。人びとは自由に参加することが許されなければなりません。

しかしながら、世界の多くの国々では、時として、人びとにある協同組合の組合員になることを強要するような経済的圧力や政府の規制がありました。こうした場合、協同組合は、すべての組合員の自発的な支持を得るために、組合員が完全に参加することを保証する特別の責任をもっています。

第1原則は続けて、協同組合が組合員加入を認める要件について言及しています。

すなわち「**協同組合は、性別による、あるいは社会的・人種的・政治的・宗教的な差別を行なわない。協同組合は、そのサービスを利用することができ、組合員としての責任を受け入れる意志のあるすべての人びとに対して開かれている。**」と確認しているのです。

この叙述は、協同組合が19世紀に登場して以来基本としてきた一般的な誓約を再確認しています。それはすべての個人、実際にはすべての人びとの基本的尊厳を認識するという誓約です。

「協同組合はそのサービスを利用することができるすべての人に開かれている」という文言は、協同組合とは特定の目的のために組織されるものだということを認めているのです。多くの場合、協同組合は、組合員になった特定の人々や限定された人々のために効果的に奉仕することができます。

例えば、漁業協同組合は基本的には漁民に奉仕するものであり、住宅

協同組合は組合員になった一定数の人々のみに住宅を供給します。労働者協同組合は限定された人数の組合員しか雇用できません。言い換えれば、ここにこそ、なぜ協同組合が組合員資格に制限を課そうとするのかという点について理解し、受け入れることができる根拠があります。

「組合員としての責任を受け入れる意志のある」という文言は、組合員が協同組合に対して義務をもつことを組合員に想起させるものです。このような義務は協同組合によって異なりますが、投票権の行使、会議への参加、協同組合のサービスの利用、必要に応じた出資金の拠出が含まれます。これら一連の義務は常に強調する必要がありますが、同時にその義務を果たすことにより、組合員にとっても協同組合にとっても大きな利益を得るべきものです。

協同組合はジェンダー（性別による差）が組合員資格の障害にはならないということを積極的な取り組み（ポジティブ・アクション）によって保証すべきです。さらに、教育およびリーダー育成計画において、協同組合は女性が男性と同数参加することを保証するべきです。

また、協同組合は、自らの活動を通じて、あるいは新しい協同組合の開発を支援することを通じて、協同組合事業から利益を受けることのできるようなすべての住民グループや少数派住民に手をさしのべるべきです。そして、そのように関与する根拠は慈善ではなく、協同組合活動の可能性についての慎重で実践的かつ革新的な評価に基づくものでなければなりません。

組合員制の原則はまたある種の「社会的な」理由によって差別することも禁じています。

まず第一に、「**社会的**」という言葉は階級に基づく差別を指しています。初期のころから、協同組合運動は異なった階級の人びとを結集しようとするものだったのです。そしてそれこそが他の19世紀のイデオロギーと協同組合運動との相違点でもありました。

　「社会的」という言葉はまた文化を指しており、これには民族や国民としてのアイデンティティが含まれる場合もあります。しかし、これは難しい概念です。と言うのは、いくつかの協同組合は文化的グループ、しばしば少数派文化グループの間で特別に組織されているからです。他の文化グループにおける類似した協同組合の組織化の妨げとならない限り、また自分たちのコミュニティの非組合員を搾取しない限り、そして、その地域での協同組合運動の発展を促進する責任を受け入れる限り、こういった協同組合は存続するためのあらゆる権利を持っています。

　原則はまた「**人種**」についても言及しています。大会に先立って回覧された各種の原案では、人種への言及は省かれていました。それは「人種」という考え方が人類の分類方法としては適切なものとして受け入れてはならないという信念があったからです。

　「人種」には生物学的相違という意味も内包されており、この見方が過去150年間に人類という家族の中に亀裂を生じさせ、偏狭、戦争、集団殺戮などの悲惨な結果を生み出してきたからです。

　しかし、世界の協同組合人との討論の中で、「人種」への言及を含めないことはかえって誤解を生むだろうという指摘がなされました。

　例えば、その文言が省かれていた場合、協同組合運動の基本的な思想的立場を知らない一部の人びとは「人種」を根拠にして人びとを排除することが受け入れられると結論づけるかもしれないのです。こうした理

由から、大会で承認される組合員制の原則の中にこの言葉を入れ、協同組合運動のこの問題に関する立場についてなんらの疑いも起こらないようにしました。おそらく、次回の原則改定時には、この言及は削除される可能性があります。

　協同組合はまた、**政治的**な所属に関わりなく人びとに開かれているべきです。そもそも、協同組合運動は、異なる政治的な忠誠やイデオロデーをもつ人びとに、協同するよう促してきたものなのです。その意味で、協同組合運動は19世紀後半から20世紀にかけて多くの緊張、争乱、戦争を作りだした伝統的なイデオロギーを超越する努力をしてきました。実際、多種多様な人びとを共通の目標のために一緒にする能力は、協同組合が21世紀に向けて示す偉大な約束の一つなのです。

　ほとんどすべての協同組合は、**宗教**上の信仰のいかんにかかわらず組合員の加入を認めています。教会や宗教団体が設立している協同組合もいくつかあり、その中で最も一般的なものは金融協同組合です。こういった組織は、他の宗教グループの中で類似した協同組合を組織することの妨げとならない限り、また自分たちのコミュニティにいる非組合員を搾取しない限り、あらゆる可能な方法で他の協同組合と協力する限り、そして、その地域での全般的な協同組合運動の発展を促進する責任を受け入れる限りは、原則を否定することはありません。

　「**組合員制**」の原則は教育の原則および組合員による民主的管理の原則と密接な関係をもっています。組合員は、情報を与えられた場合、また組合員や選出されたリーダー、マネジャー、（あてはまる場合）職員の間

で効果的なコミュニケーションがある場合にのみ、その役割を果たすことができるのです。

さらに、組合員は、助言を求められた場合やその意見を聞いてもらえると確信している場合に、協同組合の活動に参加していると感じることができます。この意味で、選出されたリーダー、マネジャー、職員は有能であるだけではなく、宗教的または政治的信念、性別による嗜好、文化的あるいは社会的背景に関わりなく、組合員を十分理解することができなければなりません。

「組合員制」はおそらく原則の中で最も強力なものであると主張しうると同時に、しばしば最も低い評価を受けるものでもあります。基本的には、この原則は協同組合とそれが本来奉仕する人びととの間に特別な関係が存在すべきであることを意味しています。この関係が協同組合の行なう事業を規定し、事業の進め方に影響を与え、将来に向けての計画を形作るべきなのです。

さらに、「組合員制」が中心にあると認識することは、協同組合がその主要な存在理由である組合員への奉仕に特に高いレベルで関わることを意味します。

第２原則「組合員による民主的管理」

「民主主義」とは複雑な言葉です。「民主主義」は様々な権利の目録として便利に使うことができます。

実際のところ、政治レベルでは、民主的権利のための闘争は過去２世紀にわたる歴史の共通テーマとなって来ました。

協同組合の中では、「民主主義」は権利の尊重、実際は権利と責任の尊重を含むものです。

しかし、「民主主義」はもっと多くのことを意味しています。と言うのは、それは協同組合の中で民主主義の精神を広めるという、終わりのない、困難だが貴重で欠くことのできない課題をも意味しているからです。
　1995年の「声明」におけるこの原則の最初の文は以下のように始まります。

「**協同組合は、その組合員により管理される民主的な組織である。組合員はその政策決定、意志決定に積極的に参加する**」。

　この文は、組合員が最終的に協同組合を管理することを強調しています。また、組合員がそれを**民主的**な方法で行なうことを強調しています。さらに、それは政策づくりや重要事項決定に組合員が積極的に参加する権利を再確認しています。
　多くの協同組合では、この積極的な**参加**は総会で行なわれます。そこで政策が議論され、主要な決定が行なわれ、重要な行動が承認されます。労働者協同組合、販売協同組合、住宅協同組合のようなところでは、組合員はもっと日常的に協同組合の日々の運営に参加しています。
　すべての協同組合では「選出された代表として活動する男女は、組合員に対して責任を負う」。この文は、選出された役員が組合員の直接的利益や長期的利益に責任を負って任にあたるということを想起させます。協同組合は選出された役員に「属する」のではないし、彼らに報告する職員に「属する」わけでもありません。協同組合は組合員に属し、すべての選出された役員は、選挙時とその在任期間全体を通じて、組合員に対してその行動に責任を負うのです。

　この原則の三番目の文は次の通りです。

「単位協同組合では、組合員は（1人1票という）平等の議決権をもっている。他の段階の協同組合も、民主的方法によって組織される。」

この文は、協同組合における**投票**に関する慣習的規則について述べており、単位協同組合に関する規則としては自明なものです。単位協同組合以外の協同組合における投票規則については、協同組合運動自体がそれぞれの状況において最もよく民主的な方法を規定することができるという信念のもとに、特に決められてはいません。

第二次、第三次レベルの協同組合の多くでは、多様な利害、加盟協同組合の組合員数、関連する協同組合の関与の度合いを反映するために、比例投票制を取っています。このような取り決めは定期的に見直す必要があります。小規模な協同組合が、あまりにも影響力が小さいために基本的な権利をはく奪されていると感じるようならば、それは通常満足のいくものとはならないからです。

第3原則「組合員の経済的参加」
この原則は次のように定められています。

「**組合員は、協同組合の資本に公正に拠出し、それを民主的に管理する。その資本の少なくとも一部は、通常、協同組合の共同の財産とする。組合員は、組合員として払い込んだ出資金に対して、配当がある場合でも、通常、制限された率で受け取る。組合員は、剰余金を次の目的のいずれか、または全てのために配分する。**
・**準備金を積み立てることにより協同組合の発展のため
　その準備金の少なくとも一部は分割不可能なものとする**

・協同組合の利用高に応じた組合員への還元のため
・組合員の承認により他の活動を支援するため」

　協同組合において資本は召使いです。したがって、協同組合は、資本が組織の主人とならないように活動しなければなりません。協同組合は、人びとのニーズを実現するために存在するのです。この原則は、組合員が協同組合にどのように出資し、剰余金の配分をどのように決定するかを示しています。

　「組合員は、協同組合の資本に公平に拠出し、それを民主的に管理する。」この文章は組合員が協同組合に資本を拠出する必要性と、組合員が公平なやり方でそれを行なう必要性を強調しています。基本的に、組合員は四つの方法で資本に拠出できます。
　まず第一に、大半の協同組合では、組合員は加入し組合員としての利益を受け取るために組合員出資金に拠出することを要求されます。このような組合員資格を得るための「**出資金**」になんらかの利子が支払われることはほとんどありません。
　第二に、協同組合が繁栄している場合、協同組合は事業活動から得た収益の中から**準備金**（内部留保）を積み立てることになります。通常これらの収益の全部または大部分は集団的に所有され、協同組合を支えるための組合員の集団的業績となります。多くの法制においては、たとえ協同組合が解散する場合でも、この集団的「資本」は組合員の間で分割することはできないことになっています。これはコミュニティ企業または他の関連する協同組合に配分されることになります。
　第三に、協同組合はその経済活動を通じて得ることができる蓄えより

もずっと大きな資本を必要とするようになるでしょう。多くの協同組合は、組合員が、その**配当**の一部を持ち回りで、あるいは退職まで、定期的に出資することを期待しています。この場合、協同組合は利子を払わず、組合員は継続的な参加と将来の配当から利益を得ることになります。

　第四に、協同組合は組合員に一層多くの出資をしてもらうための特別の要請をしなくてはならないでしょう。実際、より多くの協同組合はそうするべきなのです。このような状況の下では、出資には利子を払うことが適切です。ただし「公正」な率であることが大事です。このような出資への**利子払い**は、競争的な率であるべきで、投機的な率であってはならないことは言うまでもありません。この場合、たとえば、政府あるいは通常の銀行の利子率が考えられます。

　また、組合員は自らの協同組合の資本を管理します。そのための二つの主要な方法があります。第一は、協同組合が事業運営のためにいかに資本を集めたかにかかわりなく、すべての決定の最終的権限は組合員に存するようにすることです。第二は、集団として達成したものの反映として、組合員が少なくとも資本の一部を集団的に所有する権利をもつことです。

　協同組合の活動で剰余金が生じたときは、組合員はこの**剰余金の分配**方法を決定する権利と義務をもちます。組合員は剰余金を以下の目的のいずれかあるいは全てに配分することができます。

(a)　組合員は「準備金（少なくともその一部が分割不可能な）を積み立てることにより」協同組合を発展させるという選択をすることができます。このアプローチは多くの協同組合において組合員に還元しない剰余金処分の通常の方法であるべきで、協同組合の長期的な

活力を確保する上で決定的に重要なものです。
(b) 組合員の協同組合への参加の度合いに基づいて、通常「配当」と呼ばれる見返りを組合員に支払うという選択をすることができます。これは組合員の協同組合への支持に対する伝統的な還元の方法です。
(c) 組合員の承認により他の活動を支援することができます。この場合、協同組合が支援することを選ぶことができる、そして選ぶべき最も重要な活動の一つは、地域的、全国的、〈国を越えた〉広域的、そして国際的に協同組合運動を一層発展させることです。

●編集部の補足説明

　今回の原則改定の特徴は「組合員」がキーワードとしてすべての原則の文言に盛り込まれたことである。とりわけ、第1原則「自発的で開かれた組合員制」、第2原則「組合員による民主的管理」および第3原則「組合員の経済的参加」は組合員の参加についての普遍的な原則を明確に規定している。これらの原則は組合員の権利のみならず、義務、責任についても提示している。

　すなわち、組合員は協同組合の民主的意思決定に参加し、協同組合のサービスを利用し、一定の範囲で出資金に対する配当・利子を受け取る権利をもつ。

　同時に、組合員は協同組合の会議や投票に参加し、協同組合のサービスを利用し、出資金を公平に拠出する義務をもつが、それは強制ではなくあくまで自発性に基づいたものでなければならない。

　このように組合員は所有権に基づく自益権や共益権とともに同時に利用者としての権利をもつが、その反面として所有者、利用者としての義務、責任をもつことを忘れてはならない。日本の生協が重

視する「出資・利用・運営参加」は組合員の権利であるとともに、組合員の義務、責任でもある。

　組合員の経済的参加に関する第3原則は、協同組合の資本形成への組合員の参加と剰余金処分についての指針を提示している。

　資本形成への参加については「背景資料は、①加入資格を得るための最低出資金の拠出（無利子）、②準備金（内部留保）の積み立て、③配当の出資金振替、④最低額を超える出資金の拠出（有利子）という四通りの方法を提示している。

　日本の生協においては①と④の区別がなく、また出資金への報酬は「利子」ではなく、「配当」として支払われている点に特徴がある。

　また、②の準備金のうち、欧米では解散時にも組合員の間で配分することができず、コミュニティ企業ないし関連する協同組合に配分される「分割不可能準備金」制度があるが、日本の生協にはそのような制度がない。この「分割不可能準備金」の挿入はＩＣＡ理事会およびヨーロッパの会員組織によって提起され、労働者協同組合によって主張された。

　また、第3原則は剰余金処分については、①準備金の積み立て、②利用高に応じた組合員への還元（利用高割戻し）、③他の活動の支援という三通りの方法を提示している。このうち③は新たに付け加えられたもので、「組合員の承認により」という条件が付されている。

第4原則「自治と自立」

　世界各地の協同組合は、それぞれ、国家との関係によって大きな影響を受けています。政府は協同組合が活動する法的枠組みを決定します。

政府は課税、経済政策、社会政策を通じて、協同組合の取り扱いにおいて協力的になることもあれば、障害となることもあります。そのため、すべての協同組合は、政府と開かれた明瞭な関係を築くために細心の注意を払わなければなりません。

同時に、自治の原則は、資本が支配する企業が政府との関係において自治的であるのと同様に、協同組合が自治的であることが本質的に必要であることに注意を喚起しているのです。

第4原則は次のように述べています。

「協同組合は、組合員が管理する自治的な自助組織である。協同組合は、政府を含む他の組織と取り決めを行なったり、外部から資本を調達する際には、組合員による民主的管理を保証し、協同組合の自主性を保持する条件において行なう。」

この原則は、「他の組織との取り決め」について言及し、世界各地の協同組合が民間企業と共同プロジェクトを組むケースが増えているという事実を踏まえ、さらにこの傾向は続くだろうと認識しています。その上で、**自治の原則**は、このような取り決めを行なうときには、協同組合が最終的に自らの運命を管理する自由を確保することが重要だと強調しているのです。

●編集部の補足説明

協同組合の自治と自立は1966年の原則改定の時も問題となったが、当時新興独立国となったアジア、アフリカ諸国では協同組合は開発の機関車として位置づけられ、政府の強力な規制・保護があっ

たこと、社会主義国の協同組合も政府の完全なコントロールのもとにあり、政治的・経済的自立は認められなかったことから、原則として盛り込むことに合意を得ることはできなかった。

しかし、これらの国々では協同組合は政府への依存を強めたことから政府のお荷物となり、自前の組織と事業が育たなかった。1980年代末から世界的な市場経済への移行のなかで多くの協同組合は解散したり、株式会社に転換したりしたが、先進国協同組合の支援によって、新しい協同組合法の制定、理事会の民主的な選出、幹部職員の教育訓練などを通じて自立した協同組合が生まれつつある。

このような環境変化と協同組合自身の変化により、自治と自立の原則が合意されるに至った。協同組合は組合員による民主的管理や協同組合の自主性を保持する場合にのみ、政府を含む他の組織と取り決めを行ない、外部から資本を調達することができる。

ここで外部資本調達を条件付で認めたことは本来の協同組合原則からの後退であるとして批判する論調もあるが、欧米の協同組合では様々な企業形態や資本調達方法が採用されており、主体性を保ちながら現代的なニーズに柔軟に対応する必要があることを述べているに過ぎない。

政府による手厚い保護政策によって農政の実行機関として助成されてきた農協と異なり、日本の生協は政府からの特別の助成措置もなく、むしろ中小小売商の反生協運動によって様々な規制を押し付けられ、きわめて自立性の強い組織として発展してきた。

また、厳格な員外利用禁止や信用事業の禁止もあって、組合員の出資・利用・運営参加を基本とする自己完結型の組織文化を形作っ

てきた。このような自治と自立を大切にしながら、環境、福祉、健康、安全、防災など共通する課題で地域の諸団体とネットワークを広げ、政府、とりわけ地方自治体と対等な立場でのパートナーシップを発展させていくことが課題となっている。

第5原則「教育、訓練および広報」

協同組合運動は、長年、教育に対して顕著な関与をしてきました。第五原則では教育を以下のように定めています。

「協同組合は、組合員、選出された代表、マネジャー、職員がその発展に効果的に貢献できるように、教育訓練を実施する。協同組合は、一般の人びと、特に若い人びとやオピニオンリーダーに、協同組合運動の特質と利点について知らせる。」

この原則は、協同組合における**教育と研修**の果たす役割が決定的に重要だと強調しています。教育は情報を配布したり利用を奨励したりする以上の意味があります。教育は、協同組合の理念と活動の複雑さと豊かさを完全に理解するよう、組合員、選出されたリーダー、マネジャー、職員の心をつかむことを意味するのです。研修は、協同組合に関わるすべての人がその責任を効果的に遂行するために必要な技能を身につけるよう保証することを意味します。

また、教育と訓練は、協同組合のリーダーが組合員のニーズを理解するためのすばらしい機会を提供するという点で重要です。かれらが協同組合の活動を継続的に評価し、サービスの改善と新しいサービスの提供

の方法を提案することができるように教育と訓練を実施すべきです。事業を効果的に運営しながら、組合員とリーダーの間の効果的な双方向コミュニケーションをすすめる協同組合は失敗することはないでしょう。

第5原則は最後に、協同組合が若い人びとやオピニオンリーダー（政治家、公務員、マスコミ、教育者など）に、協同組合運動の「特質と利点」を知らせる**特別な責任**があることを確認しています。この数十年間、あまりにも多くの国で多数の協同組合がこの責任を無視してきました。協同組合が未来においてなしうる役割を果たすつもりならば、これはよりよく果たさなければならない責任です。人びとは理解できないことを評価したり支持したりはしないのです。

第6原則「協同組合間協同」

この原則は、以下のように述べています。

「協同組合は、ローカル、ナショナル、リージョナル、インターナショナルな組織を通じて協同することにより、組合員に最も効果的にサービスを提供し、協同組合運動を強化する。」

この原則は、1966年の原則改定ではじめて明記されたものですが、1850年代以来さまざまな方法で追求されてきました。そして1990年代ほどこの原則が重要だったことはありません。協同組合がその潜在力を完全に発揮するために相互に連携、合併、ジョイント・ベンチャー（合弁事業）に乗り出す場合には、とりわけ政府の干渉からは自由でなければなりません。

実際、協同組合はお互いの実践的でしっかりした協同を通じてのみ、

その影響力を極大化することができるのです。協同組合は地域レベルでも多くを達成できますが、地域的な参加と所有の優位性を維持しながらも、大規模組織の利点を獲得するために継続的に努力しなければならないのです。

利害の均衡をはかりながら協同をすすめることは困難なことではあるのですが、だからこそ**協同組合間協同**は、すべての協同組合組織にとっての永続的課題であり、協同組合の創意性の試金石なのです。

世界の協同組合はより多くのジョイント・ベンチャー設立の可能性についてもっと認識しなければなりません。協同組合は組合員の利益を注意深く守りながら、実践的な方法でジョイント・ベンチャーに入り込まなければなりません。国際的共同事業についても、これまで以上に考える必要があります。事実、今日の世界において、国民国家は国際経済をコントロールする能力を失っています。協同組合は普通の人びとの直接の利益を守り拡大する特別の機会をもっているのです。

協同組合は、これまで以上に支援機関や支援活動を強化する必要を認識しなければなりません。特定の協同組合やある種の協同組合の関心事項に専念することは比較的簡単なことなのですが、連帯という価値や協同組合間協同という原則に基づいた全般的な協同組合としての利益があることを理解するのは、そう簡単なことではありません。全般的な協同組合支援組織が必要だという理由もそこにあります。同様に、政府との交渉や一般の人びとに「協同組合方式」を推進しようとするときに、異種協同組合が協同してことにあたることがとりわけ重要である理由もそこにあります。

第7原則「コミュニティへの関与」

協同組合は本来、組合員の利益のために存在している組織です。協同組合は、ある特定の地理的空間において組合員と強いつながりをもつことにより、しばしばその**コミュニティ**と密接に結びつくことがあります。協同組合はコミュニティの経済的、社会的、文化的な発展が確実に持続するようにする特別な責任をもちます。協同組合はコミュニティの環境保護のためにしっかり活動する責任があります。協同組合がコミュニティにどのくらい深くかかわり、どのような形で貢献すべきかを決定するのは組合員です。しかし、それは組合員が避けようとすべき責任ではありません。

●**編集部の補足説明**

協同組合は組合員の自助に基づく互助の組織であり、この点で不特定多数の人々に対するサービスを提供する非営利組織と異なるが、協同組合がコミュニティ（地域社会）の多数の人々を組織するようになるとコミュニティの持続可能な発展にどのように関与するかということが問題となった。

協同組合は組合員の自助に基づく助け合いの組織であり、それを超える活動はすべきではないとする主張は、協同組合を閉鎖的な利益集団とする可能性がある一方、協同組合は組合員の利益のみを追求するのではなく、国家やコミュニティの利益のために奉仕すべきであるという主張は、協同組合を国家の下請機関にする可能性があり、現実に発展途上国や旧社会主義国の多くでは協同組合の国家機関化がすすんだ。

このように、協同組合の互助性と社会性、公共性をどのように統

合するかはＩＣＡでも長らく議論されてきた一方、近年は環境問題や人権などの社会問題に関して企業の社会的責任（ＣＳＲ）が問われるようになり、一般の企業のなかでも「企業市民」として環境を保全しコミュニティに貢献するための様々な活動に取り組む企業が増えてきた。

協同組合はコミュニティにルーツをもっていることから、住みよい地域社会作りに向けて積極的に貢献することが一般の企業にも増して求められるようになり、コミュニティへの関与の原則が盛り込まれることになった。

この新原則は協同組合がコミュニティの経済的、社会的、文化的な発展が持続し、コミュニティの環境を保護するように積極的に活動する責任があるとしながら、協同組合がコミュニティにどのくらい深くどのような形で貢献すべきかを決定するのは組合員であるとして、ドイツの会員組織の修正提案によって「組合員によって承認された政策を通じて」という条件が付け加えられた。

また、当初の原案ではコミュニティへの責任（responsibility）という文言が提案されていたが、最終的に関与、関心（concern）という表現に落ち着いた。

(4) 結論

協同組合原則は総体として運動の生きた血なのです。生まれたときから運動に染み込んでいた協同組合の諸価値からつくり出された原則は、協同組合の構造を形作り、運動の特色ある観点を作り出す態度を決定し

ます。

　原則は協同組合人が自分たちの協同組合組織を発展させるために努力する上での指針となります。それは、哲学的思考や数世代の経験によって形作られた本質的に実践的な原則です。

　したがって、原則は柔軟であり、異なる状況にある、異なる種類の協同組合に、異なった度合いで適用することが可能なものです。とりわけ、原則は協同組合人に、協同組合組織の民主主義の性格、異なる利害関係者（ステークホルダー）の役割、生み出された剰余金の配分について決定することを要求します。

　原則は協同組合人を効果的にし、協同組合を特色あるものにし、協同組合運動を価値あるものにする上で欠くことのできない特質なのです。

〈付〉
「協同組合のアイデンティティに関する ICA 声明」

日本生協連＝訳

「協同組合のアイデンティティに関するICA声明」（日本生協連／訳）

《定　義》
　協同組合は、共同で所有し民主的に管理する事業体を通じ、共通の経済的・社会的・文化的なニーズと願いを満たすために自発的に手を結んだ人びとの自治的な組織である。

《価　値》
　協同組合は、自助、自己責任、民主主義、平等、公正、そして連帯の価値を基礎とする。それぞれの創設者の伝統を受け継ぎ、協同組合の組合員は、正直、公開、社会的責任、そして他人への配慮という倫理的価値を信条とする。

《原　則》
　協同組合原則は、協同組合がその価値を実践に移すための指針である。

《第1原則》自発的で開かれた組合員制
　協同組合は、自発的な組織である。協同組合は、性別による、あるいは社会的・人種的・政治的・宗教的な差別を行なわない。協同組合は、そのサービスを利用することができ、組合員としての責任を受け入れる意志のある全ての人びとに対して開かれている。

《第2原則》組合員による民主的管理
　協同組合は、その組合員により管理される民主的な組織である。組合員はその政策決定、意志決定に積極的に参加する。選出された代表として活動する男女は、組合員に責任を負う。単位協同組合では、組合員は（1人1票という）平等の議決権をもっている。他の段階の協同組合も、民主的方法によって組織される。

《第3原則》組合員の経済的参加
　組合員は、協同組合の資本に公正に拠出し、それを民主的に管理する。その資本の少なくとも一部は、通常、協同組合の共同の財産とする。組合員は、組合員として払い込んだ出資金に対して、配当がある場合でも、通常、制限され

た率で受け取る。組合員は，剰余金を次の目的のいずれか，または全てのために配分する。

・準備金を積み立てることにより，協同組合の発展のため
　その準備金の少なくとも一部は分割不可能なものとする
・協同組合の利用高に応じた組合員への還元のため
・組合員の承認により他の活動を支援するため

《第4原則》自治と自立
　協同組合は，組合員が管理する自治的な自助組織である。協同組合は，政府を含む他の組織と取り決めを行なったり，外部から資本を調達する際には，組合員による民主的管理を保証し，協同組合の自主性を保持する条件において行なう。

《第5原則》教育，訓練および広報
　協同組合は，組合員，選出された代表，マネジャー，職員がその発展に効果的に貢献できるように，教育訓練を実施する。協同組合は，一般の人びと，特に若い人びとやオピニオンリーダーに，協同組合運動の特質と利点について知らせる。

《第6原則》協同組合間協同
　協同組合は，ローカル，ナショナル，リージョナル，インターナショナルな組織を通じて協同することにより，組合員に最も効果的にサービスを提供し，協同組合運動を強化する。

《第7原則》コミュニティへの関与
　協同組合は，組合員によって承認された政策を通じて，コミュニティの持続可能な発展のために活動する。

「協同組合のアイデンティティに関するICA声明」を考える
——なぜ、協同組合原則は改定されたのか〈CD-ROM付〉

[発 行 日] 2010年9月20日　初版1刷
[検印廃止]
[編　　者] 日本生活協同組合連合会
[発 行 者] 芳賀唯史
[発 行 元] 日本生活協同組合連合会出版部
　　　　　〒150-8913　東京都渋谷区渋谷3-29-8　コーププラザ
　　　　　TEL. 03-5778-8183
　　　　　www.coop-book.jp
[発 行 所] コープ出版(株)
　　　　　〒150-8913　東京都渋谷区渋谷3-29-8　コーププラザ
　　　　　TEL. 03-5778-8050
　　　　　www.coop-book.jp
[制　　作] ㈱晃陽社
[表　　紙] ㈱晃陽社
[印　　刷] ㈱晃陽社

Printed in Japan
本書の無断複写複製(コピー)は特定の場合を除き、著作者・出版者の権利侵害になります。
ISBN478-9-87332-303-9